MIX
Papier aus verantwortungsvollen Quellen
Paper from responsible sources
FSC® C105338

Regina Kriechhammer

Adbusting

Methoden, Techniken und Wirkung
der Entstellung von Werbecodes

Bachelor + Master
Publishing

Kriechhammer, Regina: Adbusting. Methoden, Techniken und Wirkung der Entstellung von Werbecodes, Hamburg, Diplomica Verlag GmbH 2012

Originaltitel der Abschlussarbeit: Adbusting - Funktionsweise und Wirkung der Subversion von Werbung

ISBN: 978-3-86341-284-5
Druck: Bachelor + Master Publishing, ein Imprint der Diplomica® Verlag GmbH, Hamburg, 2012
Zugl. Universität Wien, Wien, Österreich, Bachelorarbeit, November 2011

Bibliografische Information der Deutschen Nationalbibliothek:
Die Deutsche Nationalbibliothek verzeichnet diese Publikation in der Deutschen Nationalbibliografie; detaillierte bibliografische Daten sind im Internet über http://dnb.d-nb.de abrufbar.

Die digitale Ausgabe (eBook-Ausgabe) dieses Titels trägt die ISBN 978-3-86341-784-0 und kann über den Handel oder den Verlag bezogen werden.

Dieses Werk ist urheberrechtlich geschützt. Die dadurch begründeten Rechte, insbesondere die der Übersetzung, des Nachdrucks, des Vortrags, der Entnahme von Abbildungen und Tabellen, der Funksendung, der Mikroverfilmung oder der Vervielfältigung auf anderen Wegen und der Speicherung in Datenverarbeitungsanlagen, bleiben, auch bei nur auszugsweiser Verwertung, vorbehalten. Eine Vervielfältigung dieses Werkes oder von Teilen dieses Werkes ist auch im Einzelfall nur in den Grenzen der gesetzlichen Bestimmungen des Urheberrechtsgesetzes der Bundesrepublik Deutschland in der jeweils geltenden Fassung zulässig. Sie ist grundsätzlich vergütungspflichtig. Zuwiderhandlungen unterliegen den Strafbestimmungen des Urheberrechtes.

Die Wiedergabe von Gebrauchsnamen, Handelsnamen, Warenbezeichnungen usw. in diesem Werk berechtigt auch ohne besondere Kennzeichnung nicht zu der Annahme, dass solche Namen im Sinne der Warenzeichen- und Markenschutz-Gesetzgebung als frei zu betrachten wären und daher von jedermann benutzt werden dürften.

Die Informationen in diesem Werk wurden mit Sorgfalt erarbeitet. Dennoch können Fehler nicht vollständig ausgeschlossen werden, und die Diplomarbeiten Agentur, die Autoren oder Übersetzer übernehmen keine juristische Verantwortung oder irgendeine Haftung für evtl. verbliebene fehlerhafte Angaben und deren Folgen.

© Bachelor + Master Publishing, ein Imprint der Diplomica® Verlag GmbH
http://www.diplom.de, Hamburg 2012
Printed in Germany

Inhaltsverzeichnis

1. Einleitung 1
2. Das Phänomen Culture Jamming 4
   2.1 Die Methodik des Culture Jamming 4
      2.1.1 Grundprinzipien Verfremdung & Überidentifizierung 4
      2.1.2 Die Techniken des Culture Jamming 4
   2.2 Praxis des Culture Jamming 6
      2.2.1 Übersicht Praxisformen 6
      2.2.2 Gebrauchsart Adbusting/Subvertising 6
   2.3 Culture Jamming als politisches Ausdrucksmittel 7
3. Rezeption & Wirkung des Adbusting Produkts 9
   3.1 Erweitertes Kommunikationsmodell 9
   3.2 Das Verhältnis von Original und Verfremdung/die gegebene Aufmerksamkeit 10
   3.3 Die erhaltene Aufmerksamkeit 11
   3.4 Der vorausgesetzte Wissensrahmen 12
   3.5 Stilelemente Parodie & Bruch der Erwartungshaltung 13
   3.6 Der übrigbleibende Dekodierungsspielraum 13
4. Unerwünschte Vereinnahmung und Nebenwirkungen von Adbusting 15
   4.1 Anti-Werbung als integrierter Teil der Konsumwelt 15
   4.2 (Nicht-)Reaktion der kritisierten Konzerne 15
   4.3 Zusätzliche Aufmerksamkeit für die kritisierte Marke 16
   4.4 Imitation der Adbusting Praktiken 17
5. Analyse praktischer Beispiele 19
   5.1 Das Lidl-Prospekt von Attac 19
   5.2 Absolute End 22
   5.3 Arm sein ist Geil 24
   5.4 Zusammenfassung der Ergebnisse 26
6. Resümee 27
7. Quellenverzeichnis 31
8. Abbildungsnachweise 33

1. Einleitung

„Ist die beste Subversion nicht die, Codes zu entstellen, statt sie zu zerstören?" (Barthes 1980, 141). Dieser Satz von Roland Barthes bringt auf den Punkt, was Adbusting bzw. Culture Jamming macht: Codes entstellen, konkret die Codes der Werbung.

Werbeanzeigen waren ursprünglich vordergründig Gebrauchsanweisungen und Informationen über den Nutzen von Produkten, heute stellen sie vor allem „bildgestützte soziale Handlungsanleitungen im Feld der Lebensstile dar" (Maier 2006, 146). Sie sind professionell erstellte, durchkonzipierte Appelle an die Zielgruppe. In den 1990'er Jahren begannen Unternehmen verstärkt auf Markenpolitik zu setzen, globale Unternehmen konzentrierten sich in der Folge auf ihr Markenimage und lagerten die Produktion in Billiglohnländer aus (Haslinger 2010, 41). Diese starke Fokus auf das Markenimage erfordert entsprechend intensive Werbung: Kritiker sprechen infolgedessen von einer Kolonisation des öffentlichen Raums durch den Konsumkapitalismus. Manche lehnen sich dagegen auf, indem sie die Werbung, die ihnen begegnet, verfremden und so ihre Kritik an dieser Kolonisation zum Ausdruck bringen oder aber ihre Kritik am speziellen Unternehmen, dessen Werbung sie verfremden. Diese Technik hat den Namen Adbusting. Und dieser Technik will sich diese Arbeit widmen – also des gezielten Veränderns von Werbung und der Kreierung von Antiwerbung.

Dabei soll vor allem auf die Funktions- und Wirkungsweisen fokussiert werden. Die Frage lautet demnach:

> Wie geht Adbusting vor und welche Wirkung kann diese Vorgangsweise zeigen?

Um dieser Frage nach zu gehen, ist es notwendig, zu analysieren, wie Anti-Werbung sowohl prinzipiell als auch in ausgesuchten praktischen Fallbeispielen passiert ist, also auf welche Weise und mit welchen Mitteln dabei gearbeitet wird bzw. wurde. Wie können die Reaktionen auf derlei Aktionen in der Praxis ausfallen, und inwiefern kann das angestrebte Ziel, ein kritisches Bewusstsein zu schaffen, tatsächlich erreicht werden? Dabei kann zwar nicht ermittelt werden, inwiefern sich bei denjenigen, die eine solche Anti-Werbung erhalten haben, tatsächlich Denkprozesse verändert haben, die verschiedenen Wirkungsweisen dieser Technik können aber betrachtet und auf die konkreten Beispiel angewendet werden.

Einleitend sollen die wichtigsten Begriffe, mit denen in dieser Untersuchung gearbeitet wird, geklärt werden. Dies sind Culture Jamming und Adbusting bzw. Subvertising. Culture Jamming meint das Rekodieren oder Umkodieren von Botschaften. Die Neukodierung soll Desorientierung bewirken bzw. auf eine neue Orientierung verweisen (Sutter 2007, 13). Es passiert eine Umcodierung, die Ähnlichkeiten nutzt, um auf die ursprüngliche Codierung zu verweisen. Wesentlich ist dabei, dass bei der Umcodierung das selbe Medium verwendet wird, um diesen Verweis zu ermöglichen. Doppeldeutigkeit entsteht und es lässt zwischen den zwei Ebenen wechseln (Liebl/Düllo/Kiel 2005, 8-29, zitiert nach Sutter 2007).

Lloyd sieht die Begriffe Culture Jamming, Adbusting und Subvertising als austauschbar (Lloyd 2006, 6). Im deutschen Sprachraum wird synonym dazu auch noch das Wort Kommunikationsguerilla verwendet (Völlinger 2010, 85).

An anderen Stellen wird der Begriff Culture Jamming etwas weiter gefasst und schließt neben der Umkodierung von Botschaften andere Techniken mit ein. Was den verschiedenen Ausprägungen von Culture Jamming gemein ist, ist ihre Ablehnung des Konsumkapitalismus (Völlinger 2010, 85). In diesem weiter gefassten Sinn soll der Begriff Culture Jamming auch in dieser Arbeit verwendet werden. Adbusting bzw. Subvertising ist demnach eine Form des Culture Jamming. Sie nutzt das Überraschungsmoment, wenn der Rezipient merkt, dass die Anzeige nicht das zeigt, worauf er eingestellt war (Sutter 2007, 14). Die Einsatzweise und Zielsetzung von Adbusting leiten sich vom Culture Jamming ab bzw. die Adbusting-Methode ist ein sehr wesentlicher Teil des Culture Jammings, allerdings nicht der einzige.

Subvertising und Adbusting werden in dieser also Arbeit synonym verwendet, während Culture Jamming als umfassenderer Begriff gesehen wird, der weitere Techniken umfasst.

Zum Aufbau der Arbeit: Eingehend soll nur kurz auf die Methoden und Techniken des Culture Jammings sowie ihre Praxisformen eingegangen werden, um das Objekt, das in dieser Arbeit behandelt werden soll, klarer herauszuarbeiten. Der größere Teil der Beschäftigung mit der Literatur zum Thema soll sich auf die Rezeption und Wirkung von Adbusting beziehen, bzw. auch auf die Nebenwirkungen und die Vereinnahmung durch diejenigen, die damit kritisiert werden. Dadurch sollte deutlich werden, wie Adbusting funktioniert und wirkt, und wie die Aufmerksamkeit und Lenkung, die die Adbusting-Produktion erreichen will, erreicht wird oder auch nicht. Die Erkenntnisse aus diesem literaturbasierten Teil werden anschließend durch die Analyse von Adbusting-Beispielen ergänzt: Die theoretischen

Schlüsse sollen dabei auf die Beispiele rückbezogen und an ihnen überprüft werden können. In der Analyse der praktischen Beispiele werden schließlich ausschließlich Adbusting-Beispiele untersucht.

Die Analyse praktischer Beispiele widmet sich unter anderem einer Aktion der Anti-Globalisierungs-Plattform Attac, die sich der Mittel des Adbusting bedient: Dabei wurde eine Lidl-Werbeaussendung imitiert und mit Informationen bepackt, die die Preisdumping-Politik von Lidl kritisieren. Neben diesem Subvertising in Lidl-Prospekt-Aufmachung werden das "Absolute-End"-Adbusting der Adbusters Media Foundation zu Absolut Vodka, sowie das "Arm-sein-ist-geil"-Adbusting zur Agenda 2010 in Deutschland unter die Lupe genommen. Anhand der dabei verwendeten Praxen wird untersucht, wie eine solche Art des Culture Jamming wirken kann: Regt sie die Rezipienten dazu an, tatsächlich über die Produktionsbedingungen billiger Produkte etwa stärker nachzudenken und damit zu kritischeren Konsumenten zu werden, oder hat diese Art der Imitation bzw. Abänderung von Werbung letzten Endes vielleicht nur die selbe Wirkung für das Unternehmen wie Werbung selbst – nämlich zusätzliche Aufmerksamkeit der Konsumenten?

2. Das Phänomen Culture Jamming

2.1 Die Methodik des Culture Jamming

2.1.1 Grundprinzipien Verfremdung & Überidentifizierung

Die Technik des Culture Jammings greift in die kulturelle Grammatik ein bzw. stellt sich dieser gegenüber quer: Dabei arbeitet sie eben mit zwei Grundtechniken: Der Verfremdung und der Überidentifizierung. Verfremdung und Überidentifizierung sind die beiden grundlegenden Prinzipien, die die Methoden des Culture Jammings zu bieten haben – beide haben die selbe Zielsetzung, funktionieren aber unterschiedlich. Verfremdung meint dabei, „gewohnte Abläufe und Erscheinungen von Ereignissen, Bildern und Vorstellungen zu ändern und den Kommunikationsprozess durch unvorhergesehene Elemente zu stören" (Völlinger 2010, 86). Bei der Überidentifizierung wird völlig distanzlos eine übertrieben starke Identifizierung mit dem System bzw. der Logik des Systems, der Werbung oä. betrieben und auf die Spitze getrieben: Dadurch soll auf ihre Kehrseite aufmerksam gemacht werden, bzw. „auf Gegenwerte verwiesen (werden), die in den Haltungen und Werten der herrschenden Ideologie stecken." (Völlinger 2010, 86).

Was Völlinger als herrschende Ideologie bezeichnet, ist der eingangs zitierten „kulturellen Grammatik" in anderen Kontexten ähnlich. Diese kulturelle Grammatik kann als ein flexibler sozialer Konsens über Kommunikationsregeln verstanden werden.

2.1.2 Die Techniken des Culture Jamming

Die Umsetzung der Grundrichtungen Verfremdung und Überidentifizierung kann unterschiedlich funktionieren. Ein kurzer Überblick über die Techniken soll hier (gestützt auf die Unterteilung und die Beschreibung der Techniken von Völlinger 2010, 86-94) gegeben werden, um einschätzen zu können, wo Adbusting bzw. Subvertising dabei vorrangig zu verorten ist, und welche Kategorien auf die später analysierten Beispiele zutreffen. Die verschiedenen Bereiche sind dabei nicht immer ganz eindeutig voneinander abgrenzbar bzw. überschneiden sich zum Teil.

- Erfindung falscher Tatsachen zur Schaffung wahrer Ereignisse: Dabei werden Ereignisse in den Medien vorgetäuscht oder eine unwahre Information darüber verbreitet, um in der Öffentlichkeit auf Missstände aufmerksam zu machen: Es kann sich auch um die Erfindung oder Inszenierung „positiver" Ereignisse handeln – etwa wenn vorgetäuscht wird, dass ein Firmensprecher öffentlich garantiert, dass seine Firma für die von ihr verantworteten Umweltschäden einstehen wird.

- Camouflage : Die Camouflage ist ein „trojanisches Pferd", die kritische Botschaft wird dabei etwa in einen Popsong verpackt. Menschen die sich normalerweise nicht mit den angesprochenen Themen befassen, sollen hier über die Populärkultur erreicht werden.

- Fake : Bei einem Fake handelt es sich wörtlich um eine Fälschung. Logos werden genommen und auf eigene Produktionen draufgesetzt, gefälschte Briefköpfe, Hinweisschilder, Flugblätter oder Plakate. Ein Fake muss einerseits eine relativ gute Fälschung sein um zu funktionieren, andererseits aber auch aufgedeckt werden können, um im Anschluss für den angestrebten Kommunikationsprozess zu sorgen.

- Subversive Affirmation : Dabei wird Aussagen oder Regeln in klar übertriebener Weise zugestimmt und die Bestätigung somit ins Gegenteil verkehrt. Das Klatschen zu unpassenden Momenten oder eine inszenierte Demonstration in augenscheinlich deutschnationaler Aufmachung, die mit einem Apfel als Logo und der Parole „Südfrüchte raus" arbeitet, wird von Völlinger als Ausprägung dieser Technik gesehen.

- Collage und Montage : Aus Unzusammenhängendem wird semantisch etwas Neues geformt, Text- und Bildausschnitte werden neu kombiniert. Neben die Beteuerung des Umweltbewusstseins eines Unternehmens kann etwa ein Bild, das das Gegenteil beweist, gesetzt werden.

- Entwendung/Umdeutung: Dinge oder Bilder, aber vor allem auch Sprache werden hier aus ihrem Kontext gerissen, um den Gegner lächerlich zu machen und andere Lesarten der Realität zu verbreiten. Das Unausgesprochene des Ursprungstextes soll in der Parodie im Mittelpunkt stehen.

2.2 Praxis des Culture Jamming

2.2.1 Übersicht Praxisformen

Als Formen des Culture Jammings in der Praxis zählt Völlinger (2010, 94-109) Sniping (vorhandene Werbeplakate werden heimlich verändert – „Billboards", Firmennamen werden abgeändert, Symbole hinzugefügt etc.), Street Art (Symbole werden auf die Straße gesprüht), Umnutzung des öffentlichen Raums (Straßentheater, unsichtbares Theater etc.), Flashmobs (eine große Menschenmenge versammelt sich, steht gemeinsam minutenlang still, liegt am Boden oä.), Vorübergehende Rückeroberung des öffentlichen Raums (spontane Feste auf Straßenkreuzungen, Autobahnen etc.), Cyberjamming (Culture Jamming im Internet etwa durch fake sites) und Subvertising (synonym mit Adbusting; das Nehmen und Verändern von Werbung) auf.

Die Subvertising-Methode überschneidet sich stark mit der Sniping-Methode, Sniping bezieht sich allerdings auf die direkte Bearbeitung vor Ort von Reklametafeln im öffentlichen Raum. Subvertising schließt diese Technik zwar mit ein, geht aber weiter: Es gestaltet Werbemittel auch professionell um. Dabei kann es sich um Plakate, Flyer oder sogar TV-Werbespots handeln – also die klassische Anti-Werbung. Diese Praxisform des Subvertising bzw. Adbusting steht im Zentrum dieser Arbeit. Aus diesem Grund soll nun noch genauer darauf eingegangen werden.

2.2.2 Gebrauchsart Adbusting/Subvertising

Beim Adbusting bzw. Subvertising werden Werbungen – egal in welcher Form bzw. in welchem Medium sie vorliegen – genommen, umgedeutet und so die Produkte bzw. das Unternehmen lächerlich gemacht oder abgewertet. Es werden Informationen über Wirkungen, Nebenwirkungen oder Herkunft des Produktes etwa hinzugefügt. Wesentlich ist, dass dabei die Ästhetik bzw. das Aussehen der Originalanzeige sowie das Emotionsmanagement der Originalkampagne imitiert werden. „Auf diese Weise profitiert die Anti-Werbung auf eine parasitäre Weise von dem Aufmerksamkeitspotenzial, welches das betroffene Unternehmen vorher für sein Produkt und seine Marke gesammelt hat" (Völlinger 2010, 98).

Naomi Klein bezeichnet die kreative Umgestaltung von Werbebotschaften als die raffinierteste Art des Culture Jammings: Das Unternehmen zahlt für die Subversion – einerseits, weil es für die Reklametafel oä. bezahlt, andererseits, weil bei der Umwertung des Logos an der Investition gekratzt wird, die es gebraucht hat, um das Image aufzubauen (Klein 2005, 291). Logos und Slogans, aber auch Werbezettel und große Werbeplakate sind hervorragend für kreative Abwandlungen geeignet: „Die Verfremdung ist ironisch und überspitzt, sie kehrt die ursprüngliche Aussage ins Gegenteil um und löst negative Assoziationen aus." (Löding/ Schulze/Sundermann 2006, 85). Dabei wird die Aufmachung des Originals mitunter so weit imitiert, dass dem Betrachter eventuell erst beim zweiten Blick auffällt, dass es sich nicht um klassische Werbung handelt.

2.3 Culture Jamming als politisches Ausdrucksmittel

Auch politische Organisationen, die mehr im Mainstream zu verorten sind als Adbusters, die nachts unbemerkt Plakatwände umgestalten, verwenden die Aktionsformen des Culture Jammings. Umwelt- und entwicklungspolitische Kampagnen sowie Verbraucherschutzkampagnen betreiben damit ebenfalls Konzernkritik (Löding/Schulze/Sundermann 2006, 50). Aus welchem Lager die Aktivisten auch kommen, meist verbindet sie die Überzeugung, dass kommerzielle Werbung zu sehr in die Aufmerksamkeitssphäre der Menschen eingreift (Klein 2005, 294-295).

Culture Jamming ist damnach auch ein gerne verwendetes Mittel von NGO's: Die zunehmend kritische Stimmung gegenüber Konzernen während der vergangenen Jahre hat – neben der leichteren Zugänglichkeit technischer Mittel – zu einer wachsenden Nutzung der Subvertising-Techniken zum Ausdruck politischer Bekenntnisse geführt (Lloyd 2006, 6). NGO's sind Nichtregierungsorganisationen, also zivilgesellschaftliche Akteure. Sie versuchen durch Lobbying, aber auch durch öffentlichkeitswirksame Skandalisierung Aufmerksamkeit für ihre Anliegen zu bekommen. Culture Jamming bzw. Adbusting ist dabei eine Möglichkeit, die öffentliche Aufmerksamkeit, die bekannte Konzerne besitzen, für ihre Zwecke zu nutzen, und durch kreative Techniken, die eventuell mit Normverletzungen einhergehen, zu steigern (Baringhorst 2006, 233-234). Auf diese Weise wird versucht, politische Steuerungsdefizite durch Konsumentenmobilisierung zu kompensieren (Baringhorst 2006, 247).

Die Adbusting-Produktionen sollen in erster Linie Konsumkritik & Globalisierungskritik zum Ausdruck bringen. Generell ist zu sagen, dass Markenkritik, also im weiteren Sinne Konsumkritik, und Globalisierungskritik sind meist miteinander verbunden sind (Haslinger 2010, 40). Derartige Kampagnen haben oft (vor allem bei ihrem Beginn) nicht die Menge an Leuten hinter sich, um sinnvolle Boykottaktionen durchzuführen. Die Schädigung des Firmenimages erweist sich oftmals als einfacher als wirtschaftlich spürbare Boykottaktionen (Baringhorst 2006, 251). Symbolstarke Markennamen haben eine stark identitätsstiftende Bedeutung – auf einem globalisierten Markt. Die medienwirksame Skandalisierung von beispielsweise Menschenrechtsverletzungen oder Umweltproblemen ist dadurch zu einem einflussreichen Mittel geworden (Baringhorst 2006, 241). Innerhalb dieses globalisierten Marktes ist eine alternative Produktwahl in der Regel nicht mit großem Aufwand verbunden. Diese Mobilisierung ist zwar in großen Massen schwer erreichbar, kann aber durch eine Adbusting-Aktion angetrieben und unterstützt werden. Und eine tatsächliche Mobilisierung der Verbraucher durch Skandale ist definitiv eine Gefahr für die Konzerne (Baringhorst 2006, 247).

3. Rezeption & Wirkung des Adbusting Produkts

3.1 Erweitertes Kommunikationsmodell

Christian Hartard hat zum Vonstattengehen der Kommunikation im Falle von Culture Jamming Produktionen ein Kommunikationsmodell entworfen, das sich an das grundlegende Encoding-Decoding-Modell von Stuart Hall anlehnt. Angelika Sutter hat das Modell von Hartard in ihrer Arbeit zu Culture Jamming adaptiert und erweitert (Sutter 2010, 78).

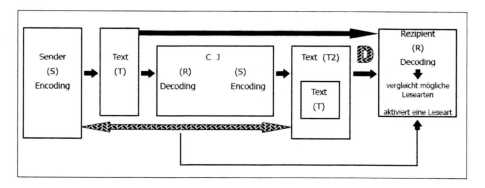

Abbildung 1: Für Culture Jamming adaptiertes Kommunikationsmodell von Sutter

Das Modell basiert auf einem Sender-Empfänger Verhältnis. Der vom Sender gesendete Ursprungstext wird vom Culture Jammer ummantelt und zu Text 2 gemacht. Der Culture Jammer enkodiert den Ursprungstext neu, davor dekodiert er aber selbst den Ursprungstext – dies in einer oppositionellen Lesart. Diese ist der Hauptaspekt des Culture Jammings.

Zu den Lesarten: Im Zuge der Dekodierung des Textes wird für den Rezipienten eines Textes (bzw. einer Information) von der Möglichkeit dreier unterschiedlicher Lesarten ausgegangen: Die favorisierte Lesart bzw. der dominant-hegemonialen Ansatz, der eine Dekodierung im Sinne des Senders bedeutet; die ausgehandelten Lesart, die auf adaptiven und oppositionellen Elementen beruht; und die oppositionellen Lesart, bei der der Rezipient den Text zwar versteht, sich selbst aber gegensätzlich zur Intention des Senders lokalisiert. Dies ist die charakteristische Lesart des Ursprungstextes seitens der Culture Jammer (Sutter 2010, 65-66).

Der Culture Jammer wird im Modell im Zuge des Kommunikationsprozesses selbst zum Enkodiererer, ist demnach einerseits Rezipient, andererseits Produzent. Der Endkonsument bzw. Rezipient rezipiert nun den Ursprungstext und den zweiten, ummantelten Text – wobei Text 2 eine oppositionelle Lesart von Text 1 ist. Er/Sie kann nun die verschiedenen Lesarten miteinander vergleichen. Daneben wird Text 2 aber auch vom Sender von Text 1 rezipiert und die Form der Ummantelung bei Text 2 vom ursprünglichen Sender beeinflusst, ebenso wie der Endrezipient von dieser Wechselwirkung in seiner Lesart beeinflusst wird (Sutter 2010, 73-78).

Die hier vorgestellte Aufschlüsselung der verschiedenen Lesarten und die modellhafte Darstellung der stattfindenden Kommunikationsprozesse liefert ein theoretisches Denkkonstrukt, das einen systematischeren Zugang zu Culture Jamming bzw. Adbusting ermöglicht.

3.2 Das Verhältnis von Original und Verfremdung/die gegebene Aufmerksamkeit

Mythen rufen immer auch Widerstand hervor und wenn Marken moderne Mythen sind, ist es die Markenkritik, die natürlicherweise zur Stelle ist, um diesen Mythos zu demontieren (Haslinger 2010, 40). Die Demontage dieses Mythos, die Konzenrkritik, ist demnach eine natürliche Reaktion auf die starke Präsenz der Konzerne bzw. ihrer Marken. Das Original ruft seine Kritik, das Adbusting-Produkt, hervor.

Das Original ausreichend zu kennen ist dabei eine wichtige Voraussetzung für seine Veränderung: Um eine vorhandene Werbung neu zu interpretieren bzw. ihren Sinn zu ändern, muss sich der Adbuster über die Details und Assoziationen bewusst sein, die die Originalversion mit sich bringt (Sutter 2007, 11). Er nutzt diese vorhandenen Assoziationen, in dem er die Ästhetik der Originalversion kopiert und damit die Aufmerksamkeit erhält, die dem Original zu Teil geworden wären. Ziel ist, diese Assoziationen dadurch umzukodieren, also den Rezipienten näher an eine oppositionelle Lesart zu bringen.

Wie sehr durch die Wiederholung und Umdeutung von Symbolen ihre Bedeutung dauerhaft geändert werden kann, beweist beispielsweise Andy Warhol mit seinem Portrait von Mao Tse-Tung: Er entpolitisierte damit die wohl politisch umstrittenste Person der 70'er in den 70'ern und machte sie salonfähig (Müller 2006, 189).

Zum Verhältnis von Original und Verfremdung sei noch gesagt, dass zweitere (Text 2) zumindest eine gewisse eindeutig wahrnehmbare Distanz zum Original (Text 1) aufbauen muss. Das später analysierte gefakete Lidl-Werbeprospekt war angeblich so nah am Original, dass es vielfach für normale Werbung gehalten wurde, entsprechend im Müll landete und die kleingedruckten kritischen Informationen teils ungelesen blieben (Völlinger 2010, 91).

3.3 Die erhaltene Aufmerksamkeit

Die absolute Zahl von Verbraucherkampagnen hat in den letzten Jahren zugenommen, dies sagt allerdings noch nichts über ihre Effektivität aus (Baringhorst 2006, 247). Eventuell verringert eine höhere Anzahl an Kampagnen auch die Aufmerksamkeit, die ihnen geschenkt wird. Ein wesentlicher Punkt bezüglich der Aufmerksamkeit, die subversiven Aktionen zu Teil wird, ist die stabilisierende Wirkung, die eintritt, wenn Strategien einmal erfolgreich angewandt und nachgeahmt wurden. Neue und wirkungsvollere Methoden werden erforderlich, um die selbe Wirkung erneut zu erzielen. Subversive Strategien können zwar zur Eskalation führen, bei ihrer wiederholten Anwendung muss aber bedacht werden, dass sich auch die Systeme und Strategien der Attackierten weiterentwickeln (Schäfer/Bernhard 2008, 77). Adbusting-Produktionen erhalten zwar durch ihre kreative, unerwartete Vorgehensweise tendenziell mehr Aufmerksamkeit als eine „normale" Werbung, ihr exzessiver Einsatz kann diese Aufmerksamkeit aber auch wieder abschwächen.

Ein weiteres Problem ist die Aufmerksamkeit, die zwar vorhanden ist, aber nicht den intendierten Zielen entspricht: Eine Aufmerksamkeit für das kreative Lifestyle-Produkt, das das Adbusting an sich darstellt. „Denn wird eine politische Einstellung lediglich als Zeichen von Individualität, als Lifestyle zur Schau getragen, so kann sie einerseits als beruhigende Haltung, immer schon, zumindest phänomenal, auf der richtigen Seite zu sein, über das fehlende tatsächlich widerständige Handeln hinwegtäuschen – also nicht zu Aktivismus, sondern nur zu Passivität führen" (Doll 2006, 179). Die unterhaltende, parodistische Seite des Adbusting-Produkts bringt es in genau diese Gefahr: Als sich schön tragendes Lifestyle-Produkt – vielleicht als T-Shirt getragen – den Rezipienten vor dem Drang etwas ändern zu müssen, zu bewahren.

Als Dilemma der Lifestyle-Revolution sieht Doll also, wenn dem Zurschautragen politischen Engagements und dem Tragen von Protestemblemen kein tatsächliches politisches Handeln gegen die betreffenden Machtverteilungen oder politischen Systeme folgt (Doll 2006, 168). Eine Interpretationsfrage ist dabei, ob es sich bei Adbusting-Aktionen um das Zurschautragen von Politikengagement oder bereits um tatsächliches Handeln handelt. In ersterem Fall ist zwar die Aufmerksamkeit für die kritische Aktion gegeben – durch die Kombination aus der bekannten Marke und dem Erwartungsbruch, diese verpufft allerdings schnell zu einem weiteren Lifestyle-Produkt, wenn dadurch keine Änderungen angeregt werden. Positiver interpretiert Klein diese Aufmerksamkeit für Adbusting- bzw. Culture Jamming Atkionen: „Dicht unter der Oberfläche der öffentlichen Psyche keimt heimliches Entzücken auf, wenn die Symbole mächtiger Konzerne sabotiert und lächerlich gemacht werden. Kurz gesagt, es gibt einen Markt für Culture Jamming." Ob dieser Markt eine angestrebte Veränderung bewirken kann, bleibt offen.

3.4 Der vorausgesetzte Wissensrahmen

Eine Parodie setzt einen gemeinsamen Wissensrahmen voraus: Es gibt einen als wissenswert vorausgesetzten gemeinsamen Bedeutungshorizont, den es braucht, um die Parodie zu verstehen, und die Bestätigung dieses gemeinsamen Horizonts führt zu einer Verbrüderung. Eine allgemeine Geltung wird „im Einvernehmen mit dem Zuschauer desavouiert" (Doll 2006, 177). Durch den vorausgesetzten Wissensrahmen bestätigt sich aber auch und vor allem eins: Die Relevanz der Marke. Um eine öffentliche Kampagne erfolgreich zu führen ist es Voraussetzung, dass die Öffentlichkeit die Marke vorher bereits kennt. Daraus könnte geschlossen werden: Subvertising lässt sich besser an bekannten Sportmarken als anonymen Baufirmen beispielsweise praktizieren.

Der vorausgesetzte Wissensrahmen bewirkt einerseits eine gewisse Verbrüderung zwischen Culture Jammer und Rezipient, andererseits kann das Fehlen dieses gemeinsamen Wissensrahmen ein Ausschlussmechanismus sein bzw. dem Subvertising einen elitären Status geben.

Tatsächlich hat die Herangehensweise des Subvertising eine gewissen „radical chic", der in avantgardistischen Szenen anziehend wirkt, dadurch aber auch auf diesen eher kleinen Kreis beschränkt bleiben könnte (Völlinger 2010, 122).

3.5 Stilelemente Parodie & Bruch der Erwartungshaltung

Von Märkten und Medien wird Culture Jamming oftmals als harmlose Satire angesehen, und dadurch als politische Bewegung wenig ernst genommen (Klein 2005, 319). Culture Jammer und Adbuster nehmen Reklametafeln und Werbeanzeigen und gestalten sie in einer Weise um, sodass die neu entstandene Botschaft im Widerspruch zur beabsichtigten steht und dabei oft einen parodistischen Unterton enthält (Haslinger 2010, 41). Die Wirksamkeit des parodistischen Stils hat allerdings seine Grenzen. Auf die Übernahme der rebellischen Stilmittel durch die Werbung bezogen kann dies bedeuten, dass das Nichtkonforme nett und harmlos verpackt daherkommen muss, wenn das Konforme sich rebellisch gibt (Lamla 2006, 25). Das Zuviel an Humor kann als Mittel der Kritik eingesetzt zum Gegenteil der gewünschten Wirkung führen und eine Parodie so zur Stabilisierung des kritisierten Zustandes beitragen.

Gegenkulturelle Attacken laufen Gefahr, selbst zum Impulsgeber und Ideenlieferant des Systems zu werden, gegen das sie ankämpfen. Kritiker, Rebellen, Querulanten und Störenfriede werden demnach unbezahlten Marketingmitarbeitern der Konzerne (Lamla 2006, 25). Das Verhältnis von Norm und Abweichung, auf dem die Technik des Subvertising bzw. Adbusting aufbaut, wird auch von kommerzieller Werbung zur Erhöhung der Aufmerksamkeit verwendet (Maier 2006, 154).

Ein weiteres Problem tritt im Zusammenhang mit Parodien häufig auf: „Attackiert ein Aktivismus lediglich strukturelle Prinzipien, die zumindest in unserer Gesellschaft in dieser Form vor Ort nicht mehr aktuell sind – wie z. B. die tayloristische Arbeitsorganisation oder scheinbar klar verortbare hegemoniale Ordnungen -, so läuft er fehl." (Doll 2006, 179). Hier befinden sich Adbusting-Produktionen oftmals an der Grenze: Die sich anbietenden Parodien von Werbeproduktionen ergeben manchmal eine Kritik, die den Kern der Sache – der gelungeneren Parodie geschuldet – nicht trifft.

3.6 Der übrigbleibende Dekodierungsspielraum

Eine aktive Rolle wird dem Konsumenten bei der Rezeption von Werbung insofern unterstellt, als dass Werbung nur bereits vorhandene Verhaltens- und Konsumdispositonen verstärkt, einem Uses-and-Gratification-Ansatz entsprechend sich also aus der Werbung herausnimmt, was er/sie brauchen kann. Werbung stellt demnach ein kommunikatives Verhältnis dar, dass nicht einseitig ist, sondern auch dem Rezipienten Spielraum lässt (Maier 2006, 147) – genauso wie dies auf Werbung zutrifft, tut es das auch auf Anti-Werbung, also auf umgedeutete Werbeinformationen: Der Rezipient holt sich daraus, was ihm nützlich erscheint, bzw. lässt sich davon bestärken, wenn seine Einstellung bereits in eine dementsprechende Richtung positioniert ist.

Im späteren Verlauf dieser Arbeit wird eine Adbusting-Aktion der globalisierungskritischen Organisation Attac genauer vorgestellt – um die Problematik des übrig bleibenden Dekodierungsspielraums zu veranschaulichen soll hier aber kurz auf eine weitere Aktion von Attac Vodafone betreffend eingegangen werden: Attac nahm den Stil eines Vodafone-Werbeplakats, ein traurig blickendes Kindergesicht und die Beschriftung: „Ich finde Vodafone zum Heulen...weil es in mein Klassenzimmer regnet". Kritisiert sollten damit die von Vodafone wahrgenommenen Steuerschlupflöcher werden. Die Aktion hatte allerdings wenig Wirkung, da die in diesem Fall von Attac bevorzugte Lesweise wohl kaum von den Rezipienten verwendet wurde: Die Steuereinnahmen von Vodafone sollten zur Reperatur von Schulgebäuden verwendet werden. Dieser Bogen war allerdings zu weit gespannt, um zu erwarten, dass Rezipienten diese Nachricht unkritisch in dieser Weise dekodieren (Hieber 2006, 229). Denn auch wenn Adbusting in sich eine oppositionelle Lesart ist, bleibt dem Betrachter noch ein Dekodierungsspielraum, der der vom Culture Jammer „favorisierten oppositionellen" Lesart nicht entspricht.

Vielfach sind Adbusting-Produktionen in einer Weise gestaltet, die dem Betrachter eher das Gefühl geben, gesagt zu bekommen, was er/sie denken soll, anstatt – was eigentlich das deklarierte Ziel der Subversion wäre – zu einem eigenständigen Denkprozess angeregt zu werden (Lloyd, 2006, 2). Die klassischen Adbuster wollen allerdings mit ihren Aktionen laut eigenen Aussagen die Leute dazu bewegen, nicht nur wiederum passiv aufzunehmen, was ihnen an anderem Deutungsmuster für die Werbung von den Adbustern geliefert wird, sondern vielmehr solche Aktionen als Aufforderung zu verstehen, selbst aktiv zu werden und Werbung aktiv umzudeuten (Klein 2005, 316).

4. Unerwünschte Vereinnahmung und Nebenwirkungen von Adbusting

4.1 Anti-Werbung als integrierter Teil der Konsumwelt

Als Gegenreaktion auf den kulturellen Kapitalismus entsteht eine Bewegung, die romantisch nach dem authentischen Leben sucht. Diese Authentizität kann aber auch bezweifelt werden: „(H)andelt es sich bei dieser Authentizität selbst um einen Mythos, der maßgeblich vom Konsumkapitalismus befeuert wird(?)"(Lamla 2006, 25). Als „Konsumrebellen" bezeichnen die Kanadier Josef Heath du Andrew Potter diejenigen, die sich gegen die präsenten Konsumpraxen auflehnen, und sprechen dabei von einem „Mythos der Gegenkultur", den es zu entlarven gilt. Ihr Gegenargument ist dabei die demokratische Gestaltung der institutionellen Rahmenbedingungen (Lamla 2006, 20). Kritisiert wird also, dass der Widerstand, der gegen den Mythos Werbung entsteht, Gefahr läuft selbst zum Mythos zu werden und sich so reibungslos in den Markenmythos integrieren zu lassen. Das kritische Potenzial ginge auf diese Weise verloren (Haslinger 2010, 42). Die Produktion von T-Shirts mit verfremdeten Marken beispielsweise hat nur wenig mit Sozialkritik zu tun, sondern marktiert den Punkt, wo Adbusting zur Modeerscheinung wird. Klein bezeichnet es als „Tropfen auf den heißen Stein" und folgert, dass, was als Protest gegen Werbung begann schließlich beweist, wie abhängig wir von Werbung sind (Klein 2005, 307).

Als Teil der spätkapitalistischen Form von Identität sieht Doll die parodistische Wiederholung oder auch Zersetzung von Identitäten. Die Funktion von bestimmten Form der Gesellschaft sei demnach davon abhängig, dass die einzelnen Subjekte sich individuell als oppositionell sehen können (Doll 2006, 181). Rebellion und Konzernkritik ist also davon bedroht, selbst nur ein Mythos in einer Welt von Mythen zu sein, gleichzeitig wird einzelnen Individuen vorgeworfen, diesen oppositionellen Mythos für sich bzw. das Funktionieren des Allgemeinen zu gebrauchen.

4.2 (Nicht-)Reaktion der kritisierten Konzerne

Große Konzerne investieren in aufwendige Broschüren, in denen sie sich zu sozialer Verantwortung bekennen (Baringhorst 2006, 255). Auch Konzernkritische Kampagnen laufen

Gefahr, den Konzernen die öffentliche Bühne für eine Entwicklung „vom Saulus zum Paulus" zu liefern (Löding/Schulze/Sundermann 2006, 54).

Vielfach reagieren betroffene Unternehmen auf Adbusting-Aktionen zwar mit Dementi und der Ankündigung rechtlicher Schritte gegen die teils unbekannten Urheber. Von den nicht der expliziten Unternehmenskommunikation entsprechenden Motiven können die Marken – manche sind sich darüber bereits bewusst – allerdings auch profitieren (Schäfer/Bernhard 2008, 73). Klagsdrohungen und andere entzürnte Reaktionen hingegen schaden dem Image und bauschen die gegen sie geführte Kampagne auf: Aus diesem Grund tendieren Unternehmen mehr und mehr dazu, sich in solchen Fällen öffentlich zurückzuhalten. Dementi seitens des Unternehmens können hingegen als Erfolg für die Adbusting-Aktion gewertet werden: Die Rezipienten bekommen dadurch das Gefühl, es werde ihnen nicht zugetraut, den Fake zu erkennen, aber vor allem sorgt dies für eine weitere Verbreitung des Fakes (Völlinger 2010, 91).

Attac griff Lidl neben dem in dieser Arbeit analysierten Flugblatt mit dem Slogan „Stoppt Preis-, Umwelt- und Sozialdumping" an und veränderte den Lidl-Werbeslogan „Lidl ist billig" zu „Lidl ist nicht zu billigen". Lidl reagierte auf die Kritik, in dem es in Verhandlung mit den Milchbauern über die Milchpreise trat und TransFair-Produkte in sein Warensortiment integrierte (Löding/Schulze/Sundermann 2006, 43-46). Diese Art der Reaktion gibt dem Unternehmen zwar einerseits die Möglichkeit einer PR-Aktion, muss aber dennoch auch als Erfolg für die Adbuster gesehen werden, da die grundsätzlichen Kritikpunkte damit ansatzweise behoben und somit das ursprünglich angestrebte Ziel eher erreicht wird als mit Dementi und Klagsdrohungen.

4.3 Zusätzliche Aufmerksamkeit für die kritisierte Marke

Da die Opposition innerhalb des Systems quasi ihren obligatorischen Platz besitzt, bzw. der kritisierten Marke in gewissem Maße lediglich einen Dienst leistet, wenn es sie kritisiert, da es damit ihre Relevanz bestätigt, ist nach Doll zu überlegen, „ob aktivistische Formen politischen Dissenses nicht allgemein anerkannte und damit problematische werbliche Symbolisierungen zugunsten streitbarer Einmischungen aufgeben sollten. Vielleicht haben es heute Aktionsformen zu sein, die nicht cool, nicht hip, nicht individualisierend rebellisch daherkommen, sondern – um der Gleichheit der Gemeinschaft willen – sacht, vorsichtig, und unspektakulär vorgehen" (Doll 2006, 182). Schäfer und Bernhard bezeichnen Aufmerksamkeit als Währung des Informationszeitalters. Aus diesem Grund werden auch zunehmend subversive Strategien verwendet, um durch ihre Unerwartetheit an Aufmerksamkeit zu verdienen (Schäfer/Bernhard 2008, 67). Mehr Aufmerksamkeit wird generiert, wenn diese subversiven Strategien von außen, und nicht vom Unternehmen selbst zu offensichtlichen Werbezwecken durchgeführt werden. Nach dem Motto „Jede PR ist gute PR" könnten diese subversiven Strategien von außen zu Aufmerksamkeit für die Marke führen, wobei der Grund dafür schnell wieder vergessen würde.

4.4 Imitation der Adbusting Praktiken

„Eine erfolgreich angewandte Strategie geht somit ins allgemein zugängliche Arsenal der kommunikativen Möglichkeiten ein und wird Teil der kulturellen Grammatik", so erklären Schäfer und Bernhard warum Subversion seine Effektivität zwischen Wirkungslosigkeit und Stabilisierung hat (Schäfer/Bernhard 2008, 74).

Von Marketing- und Werbefachleuten werden die emanzipatorisch ambitionierten Konsumkritiken und die Moralisierungspolitiken wieder für ihre Verkaufsstrategien verwendet – das unter dem Label Werbemarketing. Dabei werden Produkte entsprechend mit positiven Werten aufgeladen, um genau den kritischen Verbrauchern das gute Gefühl geben, mit ihrem Kauf das richtige getan und die Welt ein Stück besser gemacht zu haben (Hitzler/Pfadenhauer 2006, 73). Bereits Werbung in den 60'ern und 70'ern arbeitete mit den Insignien des Protests, indem es sie (selbst-)ironisch einsetzte (Maier 2006, 149). Es wird also davon ausgegangen, dass das authentisch-kämpferische Auftreten der Gegenkultur von Werbeleuten absorbiert wird – dieser Ansatz wird als Co-Optation Theorie bezeichnet. Werbung verwendet rebellische Images, um einen jugendlichen Zielmarkt zu bedienen. Die Gegenkultur sei dabei aber nicht nach dem Motto „If you can't beat 'em, absorb 'em" von feindlicher Seite übernommen worden, sondern mit einer Verjüngung und stärkeren Selbstbestimmung der Branche selbst entstanden (Doll 2006, 165). „Die Zeichen von Individualität und Nonkonformismus werden von den Werbeagenturen nicht selten mit ‚Insignien' der politischen Dissidenz, also mit der Äußerung eines Dissenses über strukturelle Prinzipien der Gesellschaft, kurzgeschlossen.." (Doll 2006, 167) – diese Insignien politischer Dissidenz umfassen auch Culture Jamming Produkte.

Die von Culture Jammern kritisierte Konformität innerhalb der Konsumkultur verwendete beispielsweise auch Apple in einem Werbespot für den iPod: Die Verfilmung erinnert in ihrer Ästhetik an die Verfilmung von George Orwells „1984", das Apple-Produkt wird „zum Motor politischer Aufruhr bzw. zum Mitagenten gegen Konformismus und Totalitarismus stilisiert" (Doll 2006, 168). Wenn Teile jener Konsumkultur, die von den Culture Jammern kritisiert wird, die selbe gesellschaftliche Systemkritik hochstilisieren und für das Image ihrer Produkte verwenden, muss das für Adbusting-Produktionen eine starke Abschwächung ihrer Wirkung bedeuten. Nicht nur rebellische Images sondern auch Techniken des Culture Jammings werden von der Wirtschaft übernommen, um durch den semiotischen Überraschungseffekt Aufmerksamkeit zu generieren (Völlinger 2010, 115) – Marketing und Public Relations absorbieren subversive Strategien. Diverse Kampagnen gegen ein Unternehmen haben sich mittlerweile schon als Medienhack des Unternehmens selbst herausgestellt. Dabei handelt es sich meist um Vorwürfe, die dem Unternehmen nicht nachhaltig schaden können (Schäfer/Bernhard 2008, 76).

5. Analyse praktischer Beispiele

Im Folgenden werden drei Beispiele der Subversion von Werbung herausgegriffen und näher betrachtet. Die visuelle Analyse lehnt sich dabei an die von Panofsky erstellte dreiteilige Gliederung in vorikonographische Beschreibung, ikonographische Analyse und ikonologische Interpretation an (Panofsky 1994, 207-225). Die ikonographische Analyse und die ikonologische Interpretation werden in der vorliegenden Arbeit zusammengefasst, da Überschneidungen der beiden Analyseschritte und die kurze Fassung der Analyse eine Trennung der beiden Bereiche hier als nicht zweckmäßig erscheinen ließen.

Die ausgewählten Beispiele waren teilweise in umfassendere Kampagnen integriert, teilweise gab es verschiedene Versionen der Plakate zur selben Thematik. Bei allen drei Beispielen handelt es sich allerdings um Printprodukte, also verfremdete Plakate bzw. Werbeprospekte. Sie fallen – da sich diese Arbeit schließlich vorrangig dieser Gebrauchsform des Culture Jamming widmet – alle unter die Kategorie Subvertising bzw. Adbusting. Die Wahl der Beispiele richtet sich dabei rein nach dem Prinzip der gut durchführbaren Veranschaulichung der Subvertising-Praktiken und der qualitativ empfundenen Relevanz der Aktionen. Analysiert werden demnach im folgenden ein Reklameblatt der globalisierungskritischen Plattform Attac mit Bezug auf den deutschen Lebensmitteldiskonter Lidl, ein Plakat der Culture Jamming Organisation Adbusters Media Foundation mit Bezug auf den schwedischen Spirituosenhersteller Absolut Vodka, und ein Plakat von kirchlicher Seite mit Bezug auf das deutsche Reformprogramm Agenda 2010 sowie die Elektrohandelskette Saturn.

5.1 Das Lidl-Prospekt von Attac

Vorikonographische Beschreibung: Das Prospekt zeigt oben links das (abgeänderte) Lidl-Logo, daneben die Slogans „Dauerhaft im Sortiment" und „Für Sie und Ihre Lieben". Links unten ist noch mal das Lidl-Logo zu sehen. Diese Slogans sind mit den unternehmenstypischen Farben gelb, blau und rot hinterlegt. Als Angebote auf dem Prospekt finden sich in Boxen unterteilt Bananen, Vollmilch, Lilien und ein T-Shirt – jeweils mit Preisangaben. Weitere Boxen enthalten Informationen dazu, wie billig die Mitarbeiter sind und warum sie dies sind, und eine Erklärung des dauerhaften und internationalen Günstigseins. In jeder Box werden kleingeschrieben Erklärungen geliefert, warum es Lidl möglich ist, so günstig zu verkaufen (billig weil..).

Ikonographische Analyse & ikonologische Interpretation: Das „i" im Wort Lidl fällt aus der Zeile bzw. hängt unter dem Lidl-Logo in der Luft. In weiteren Teilen der Kampagne gegen Lidl wurde dieses „i" stärker zur Darstellung einer Person stilisiert, wobei der freie Fall, in dem sich diese Person befindet, sich in die Richtung verstehen lässt „Lidl lässt seine Mitarbeiter – oder Menschen die im weiteren Sinn für das Unternehmen arbeiten – fallen". Der Lidl-Werbeslogan „Lidl ist billig" mit dem zugehörigen Logo wurde zu „Lidl ist nicht zu billigen" umgewandelt, also auf sehr simple Art entwendet und umgedeutet.

Die Grundrichtung dieses Plakats kann als Verfremdung interpretiert werden. Von den eingangs beschriebenen Techniken des Culture Jammings bedient sich dieses Beispiel sowohl des Fakes, Collage bzw. Montage und Entwendung bzw. Umdeutung: Es verwendet ein Firmenlogo – wenn auch leicht abgeändert – für seine Zwecke, montiert die Aufmachung der normalen Lidl-Werbeprospekte mit anderen Informationen zusammen und macht die starke Fokussierung auf die Preiswertigkeit des Produkts lächerlich bzw. deutet sie kritisch um. Das im Unternehmenskontext eher positiv besetzte Attribut „billig" wird mittels der Detailinformationen, die klein gedruckt zu den angezeigten Produkten ua. gegeben werden, umgedeutet zu „ausbeutend", „Rechte missachtend", „nicht gerecht entlohnend". Konkret passiert dies durch die Informationen, dass den Herstellern Maximalpreise vorgegeben werden, den Bauern unter Erzeugerkosten Milch abgekauft wird, die Löhne von Arbeitnehmern niedrig gehalten und ihnen keine Arbeitnehmerrechte garantiert werden, Mitarbeiter unbezahlte Überstunden leisten müssen etc.

Während die Kritik bei den gezeigten Produkten und den Mitarbeitern auf Lidl als einzelnes Unternehmen fokussiert, wird in den Informationen zu „dauerhaft und international billig weil.." stärker die Makroebene angesprochen: Freihandels- und Dienstleistungsabkommen von WTO und GATS sowie EU-weite Richtlinien werden kritisiert. Die Kampagne von Attac, im Rahmen derer dieses Prospekt gestaltet wurde, bzw. das Prospekt selbst, richten sich zwar eindeutig gegen Lidl als Unternehmen, kritisiert werden allerdings Praktiken, die sich nicht auf Lidl beschränken – Lidl steht bis zu einem gewissen Grad repräsentativ für die Mehrzahl von Diskontern.

Abbildung 2: Von Attac erstelltes Subvertising in Lidl-Werbeprospekt-Aufmachung

5.2 Absolute End

Vorikonographische Beschreibung: Zu sehen ist ein Kreideumriss in Form der Vodkaflasche von Absolut. Beinahe in Kreisform rundherum stehen ein beschäftigungsloser Sanitäter mit Koffer, ein Polizist, der schreibt, jemand der Fotos macht, in Ausschnitten auch noch weitere Personen. Es ist eine Nachtszene, am rissigen Straßenboden ist ein nasser Fleck bzw. eine Blutlacke zu sehen. Unter dem Schriftzug „Absolute End" ist kleingedruckt folgende Information zu lesen: „Nearly 50% of automobile fatalities are linked to alcohol. 10% of North Americans are Alcoholics. A teenager sees 100,000 alcohol ads before reaching the legal drinking age ".

Ikonographische Analyse & ikonologische Interpretation: Der Kreideumriss in Verbindung mit der Alkoholanspielung durch die Flaschenform und den Markennamen Absolut spielt auf die Verkehrsbeeinträchtigung durch Alkohol und die möglichen tödlichen Folgen an. Neben dem Zitat geht das Plakat sehr reduziert mit Text um – der vorhandene Text ist zusätzlich so klein geschrieben, dass er bei einem ersten Blick auf das Plakat kaum auffällt.

Das Grundprinzip in diesem Plakat ist eine Mischung aus Überidentifizierung – die Absolut-Philosophie bzw. die darin stilisierte Coolness von Alkohol wird auf die Spitze getrieben – und Verfremdung. Die typische, kennzeichnende Form der Absolut-Vodka Flasche und der Schriftstil werden verwendet und mit anderen Bildern in Verbindung gesetzt. Es handelt sich dabei um eine Mischung aus subversiver Affirmation, Collage bzw. Montage und Entfremdung/Umdeutung. Die Bezüge auf die Marke sind relativ zurückhaltend – auch weil der Markenname „Absolute" ein Universalwort ist, dass noch nicht zwingend auf die Vodka-Marke schließen lässt. Das Flaschenprofil ist allerdings so kennzeichnend, dass das Plakat für den Rezipienten eindeutig auf die Marke bezogen dekodierbar ist. Dies bestätigt wiederum die Bekanntheit der Marke.

Die zum Ausdruck gebrachte Kritik richtet sich bei diesem Beispiel gegen Alkoholkonsum im generellen und gegen die Werbung für Alkohol. Die Marke Absolut Vodka scheint sich dabei nur durch ihre markante Werbung dafür zu qualifizieren, als Adbusting-Vorlage verwendet zu werden, Absolut Vodka steht dabei stellvertretend bzw. repräsentierend für alle Alkohol-Marken.

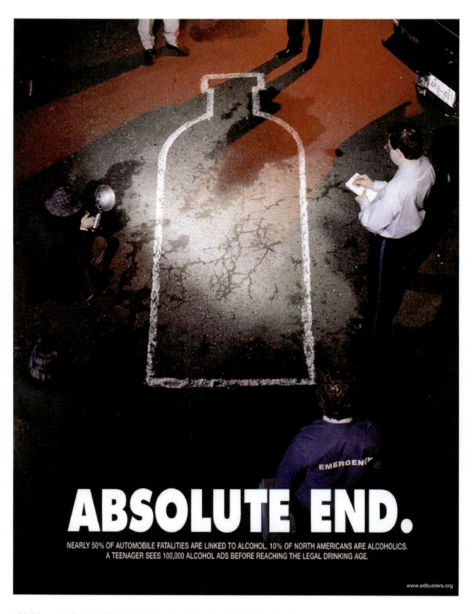

Abbildung 3: Absolute End Adbusting der Adbusters Media Foundation

5.3 Arm sein ist Geil

Vorikonographische Beschreibung: Im Zentrum des Plakats stehen eine ca. 50-jährige Frau, ein ähnlich alter Mann, und ein kleiner Junge, der vom Mann am Arm getragen wird. Ergänzt wird dieses Bild mit einer Preisangabe und Detailinformationen. Groß darüber ist der Slogan „Arm sein ist geil" zu lesen, als Untertitel: „Bei uns werden Arbeitslose jetzt noch günstiger". In der rechten oberen Ecke daneben streckt eine junge sportliche Frau mit aggressivem Gesichtsausdruck den Arm in die Luft. Am unteren Rand des Bildes steht der Slogan „Geiz ist Geiz – Satire" neben dem Logo eines Planeten mit Hörnern.

Ikonographische Analyse & ikonologische Interpretation: Die zu sehende Familie soll eine von der Agenda 2010 betroffene Familie zeigen: die Erwachsenen tragen sehr legere Kleidung und machen einen für ein Werbeplakat ungewohnten unglatten Eindruck. Die aggressive Dame im knappen Lederoutfit wirkt daneben befremdlich. Am Plakat werden die finanziellen Änderungen aufgezeigt, die auf die Familie durch die Reformen der politischen Agenda 2010 zukommen: In einer Rechnung wird der extreme Rückgang der Arbeitslosenhilfe im fiktiven Fall aufgezeigt und in Form einer Preisreduzierung in Szene gesetzt: € 927 werden als früherer Preis genannt, die aktuellen € 67 groß und herausstechend darunter angepriesen. Die Kostenrechnung wird mit einem an den überschwänglichen Werbestil der Werbevorlage angelehnten „Und wann sind Sie dran?" abgeschlossen, ebenso wird unter die Rechnung für die Lebensführung ein zynisches „So macht's Spass" gesetzt. Ergänzt wird das Plakat durch die krasse Forderung eines politisch Mitverantwortlichen nach mehr sozialer Ungleichheit. Die zum Ausdruck gebrachte Kritik bezieht sich in diesem Beispiel also eindeutig und rein auf die politische Reform, die als Vorlage benutze Saturn-Werbung steht damit in keinem direkten Zusammenhang – sie bot sich nur als Sprungbrett für die kreative Umsetzung an. Nichtsdestotrotz kommt damit implizit auch eine gewisse Kritik an der Handelskette bzw. ihrer Werbepraxis zum Ausdruck.

Die verwendete Technik bewegt sich in diesem Fall zwischen Camouflage (unter einem Deckmantel wird eine völlig andere Information geliefert), einem Fake – da auch hier Abwandlungen eines existierenden Logos und einer ästhetischen Aufmachung produziert werden, und einer Collage/Montage, da die Informationen in neuem Kontext zusammengesetzt werden. Die grundsätzliche Richtung ist ebenfalls eine Mischung aus Verfremdung (die

Information im Kontext wird verändert) und Überidentifizierung (durch die Übertreibung, eine Familie wie eine Ware anzupreisen).

Abbildung 4: „Arm sein ist geil"-Adbusting zur Agenda 2010 in Deutschland

5.4 Zusammenfassung der Ergebnisse

Alle drei untersuchten Beispiele üben breiter aufgestellte Sozialkritik und verfremden Konzernwerbung nicht rein um die so genannte „Umweltverschmutzung" mit Werbung zu kritisieren. Absolute AA und die Lidl-Kampagne kritisieren beide stärker direkt das Unternehmen, dessen Ästhetik sie imitieren. Die Kritik der „Arm sein ist geil"-Aktion richtet sich hingegen in erster Linie gegen sozialpolitische Änderungen, die mit dem Unternehmen Saturn, dessen Werbeästhetik imitiert wird, nichts zu tun haben. Die Kritik an der aggressiven Werbepolitik des Unternehmens ist dabei nachrangig und nur Mittel zum Zweck.

Während das Lidl- und das Saturn-Prospekt in ihrer gesamten ästhetischen Aufmachung, Schriftzug als auch in der Farbgebung an die Originalversion anknüpfen und den Aufbau der Werbeplakate übernehmen, reduziert sich die Anspielung im Absolute-End Beispiel auf die kennzeichnende Flaschenform und den Schriftzug. Zusätzliche Aufmerksamkeit für die kritisierte Marke (Reform) haben wohl alle drei Beispiele geschaffen – bei der Lidl-Kampagne überwiegt das Negative dabei so stark, dass das Unternehmen daraus nur schwer Vorteile ziehen konnte. Die Saturn-Werbung, die sich ursprünglich in einer sich tatsächlich ausbreitenden, nicht mehr sozialer Ächtung unterworfenen Geiz-Mentalität in guter Gesellschaft befand, bekam durch ihre Verwendung im vorgestellten Kontext einen unangenehmen Touch. Die Vodka-Plakate der Adbusters hingegen scheinen vorrangig Absolut-Vodka als Kultprodukt zu bestätigen.

Die hier analysierte Praxisform des Subvertising bzw. Adbusting geht gesamt gesehen häufig mit den Techniken Collage/Montage sowie Entfremdung/Umdeutung einher. Dies bringt die Praxisform mit sich, auch wenn sie sich nicht von vornherein auf bestimmte Culture Jamming Techniken einschränkt. Auf die Grundrichtungen Verfremdung und Überidentifizierung bezogen kann festgestellt werden, dass Verfremdung ein häufigeres Stilmittel ist, da es sich leichter anbietet. Überidentifizierung ist schwerer umzusetzen, dadurch aber keineswegs weniger effektiv.

6. Resümee

In dieser Arbeit wurde die Frage gestellt, wie Adbusting vorgeht und welche Wirkung diese Vorgehensweise haben kann. Dabei wurde mit dem erweiterten Kommunikationsmodell von Sutter herausgestrichen, dass auch Adbusting den verschiedenen Lesarten der Rezipienten ausgesetzt ist, und entsprechend auch nicht so gelesen werden kann, wie vom Culture Jammer beabsichtigt. Dieser hat bei seiner Verwandlung des ursprünglichen Textes in seine Adbusting-Botschaft das Verhältnis, das zwischen Original und Verfremdung besteht, zu beachten. Einerseits garantiert der Bezug zum Original eine Aufmerksamkeit, wie sie auch dem Original zu Teil würde – genau diese wird durch die ästhetische Anlehnung ja genutzt. Andererseits setzt diese Beziehung für das Verständnis des Adbustings ein gewisses Wissen die kritisierte Marke betreffend voraus. Nur wenn dieser gemeinsame Wissensrahmen vorhanden ist – beispielsweise bezüglich Umweltsünden eines Unternehmens – kann die Parodie verstanden werden. Genau mit diesem Stilmittel arbeitet Adbusting nämlich in der Regel. Die originale Botschaft wird parodiert, also durch Entfremdung oder Überidentifizierung lächerlich gemacht – durch die Ästhetik der Originalwerbung wird dies vom Rezipienten anfänglich nicht erwartet, und genau dieses Faktum garantiert dem Adbusting den Erhalt von Aufmerksamkeit. Die richtige Dosierung der Verfremdung spielt für die erhaltene Aufmerksamkeit aber eine wesentliche Rolle: Ähnlichkeit ist nötig um als Parodie auf die kritisierte Marke zu funktionieren und die Aufmerksamkeit der Zielgruppe zu erhalten, die Ähnlichkeit darf allerdings nicht so weit gehen, dass die Kritik versteckt bleibt und die Wirkung so verloren geht. So weit kann zur Rezeption und Wirkung von Culture Jamming aus der Theorie gefolgert werden.

Daneben gibt es noch die Nebenwirkungen, die nicht intendierten Folgen des Culture Jamming. So macht sich Antiwerbung selbst zur Teil der von ihr kritisierten Konsumwelt, wenn es sich zum Lifestyle-Produkt hochstilisieren lässt. Wie die Analyse der praktischen Beispiele zeigt, tritt diese Stilisierung und die damit einhergehenden Wirkungslosigkeit von Subvertising vor allem dann in Kraft, wenn wie im Fall Absolut-Vodka bzw. Absolut-End keine breite gesellschaftlich-politische Forderung dahinter steht, sondern zu sehr auf reine Symbolik ohne Worte gesetzt wird. Diese unkonkrete Symbolik lässt sich zu leicht als reines „Hipness"-Produkt verwerten – und wird so eben Teil der Konsumwelt. Richtet sich Adbusting hingegen ausführlicher, in Form des Lidl-Prospekts etwa, den Hintergründen dessen, was es kritisiert, ist die Gefahr dieser Vereinnahmung geringer. Gleichzeitig geht durch die weniger symbolhafte und knackige Aufmachung etwas von der Aufmerksamkeit verloren, die Adbusting wirkungsvoll macht – der Trumpf, den Adbusting durch seine Techniken im Ärmel hat, darf also auch nicht, der Hintergrundinformation geschuldet, ganz verspielt werden.

Adbusting ist für Konzerne allerdings nicht nur negativ – zum einen kann ein Unternehmen sich durch einen geschickten Umgang mit den Angriffen öffentlichkeitswirksam zum Gebesserten mausern, oder auch einfach von der zusätzlichen oberflächlichen Aufmerksamkeit profitieren, andererseits werden die kreativen Techniken wiederum von den Unternehmen imitiert und für eigene Werbezwecke verwendet – was sich auf die Wirksamkeit von tatsächlichem Adbusting negativ auswirkt. Wenn aber demnach die subversiven Praktiken der Adbuster von anderen Bereichen wie Politik und Werbung übernommen werden, fordern Schäfer und Bernhard: „Anstatt die Zeichen zu entstellen, wie Barthes es noch forderte, muss die Subversivität von Kommunikationsstrategien selbst entstellt werden, um sie so wirkungslos werden zu lassen." (Schäfer/Bernhard 2008, 78). Wie diese Entstellung aussehen soll, wird nicht gesagt. Es kann allerdings, auf den vorher gezogenen Schluss verwiesen werden, dass Adbusting kaum wirkt, wenn es zu stark auf oberflächliche Symbolhaftigkeit setzt, da es damit zu leicht in kommerzielle Werbepraktiken integriert werden kann: Also entweder genügend Hintergrundinformationen, oder eine noch postmodernere Herangehensweise.

Eine Frage, die offen bleibt, ist, ob eine Bewegung, die darauf setzt, Konsum an sich zu kritisieren, jemals auf eine breite Basis aufbauen kann. In all seiner Kritik von Marken und Konsum tut Adbusting nämlich vorrangig eines: Kritisieren. Verbesserungsvorschläge sind rar. Wird die Kritik allerdings – wie im Fall Lidl – konkret genug, kann sie Verbesserung anstoßen.

Die Verwendung der subversiven Techniken wie Adbusting für Marketingzwecke ist ein weites Feld, das in dieser Arbeit nur gestreift wurde. Die Thematik in Richtung der Verwendung politischer subversiver Symbolik im Marketing für Konsumartikel – und die damit einhergehende Veränderung (bzw. Entwertung) ihrer Symbolik – wäre ein nicht unwesentliches Gebiet, das sich zur weiteren Erforschung anbieten würde: Wie weit setzt das liberale wirtschaftliche System wieder die selben Methoden, die ursprünglich gedacht sind, um selbiges zu kritisieren, für Marketing-Maßnahmen ein?

7. Quellenverzeichnis

Barinhorst, Sigrid (2006): Keine Reizwäsche aus Burma. Menschenrechte durch politisierten Konsum? in: Lamla, Jörn/Neckel, Sighard (Hg.) (2006): Politisierter Konsum – konsumierte Politik, Wiesbaden, 233-258.

Barthes, Roland (1980): Sade, Fourier, Loyola, Paris, 141.

Buchholz,Christine/Karrass, Anne/Nachtwey, Oliver/Schmidt, Ingo (Hg.) (2002): Unsere Welt ist keine Ware. Handbuch für Globalisierungskritiker, Köln.

Doll, Martin (2006): Vom Protest zum Produkt. Über die Schattenseite der Rebellion als Lifestyle, in: Lamla, Jörn/Neckel, Sighard (Hg.) (2006): Politisierter Konsum – konsumierte Politik, Wiesbaden, 163-184.

Ernst, Thomas/Gozalbez Cantó, Patricia/Richter, Sebastian/Sennewald, Nadja, Tieke, Julia (Hg.) (2008): SUBversion. Zum Verhältnis von Politik und Ästhetik in der Gegenwart, Bielefeld.

Haslinger, Sophie Carolin (2010): Brand-Art. Branding als Thema der zeitgenössischen Kunst, Diplomarbeit, Universität Wien.

Hieber, Lutz (2006): Appopriation und politischer Aktivismus in den USA, in: Lamla, Jörn/Neckel, Sighard (Hg.) (2006): Politisierter Konsum – konsumierte Politik, Wiesbaden, 207-232.

Hitzler, Ronald/Pfadenhauer, Michaela (2006): Diesseits von Manipulation und Souveränität. Über Konsum-Kompetenz als Politisierungsmerkmal, in: Lamla, Jörn/Neckel, Sighard (Hg.) (2006): Politisierter Konsum – konsumierte Politik, Wiesbaden, 67-90.

Kaemmerling, Ekkehard (Hg.) (1994): Bildende Kunst als Zeichensystem. Ikonographie und Ikonologie, Köln.

Klein, Naomi (2005): No Logo! Der Kampf der Global Players um Marktmacht. Ein Spiel mit vielen Verlierern und wenigen Gewinnern.München.

Lamla, Jörn (2006): Politisierter Konsum – konsumierte Politik. Kritikmuster und Engagementformen im kulturellen Kapitalismus, in: Lamla, Jörn/Neckel, Sighard (Hg.) (2006): Politisierter Konsum – konsumierte Politik, Wiesbaden, 9-40.

Lamla, Jörn/Neckel, Sighard (Hg.) (2006): Politisierter Konsum – konsumierte Politik, Wiesbaden.

Lloyd, Alexis (2006): Domains and Precedents, in: http://a.parsons.edu/~lloya465/thesis/writing/domains_precedents.pdf, aufgerufen am 30.11.2011

Löding, Thomas/Schulze, Kai Oliver/Sundermann, Jutta (2006): Konzern, Kritik, Kampagne! Ideen und Praxis für soziale Bewegungen, Hamburg.

Maier, Rudi (2006): Werbung & Revolte. Protestemblemata in kommerziellen Werbeanzeigen 1967 bis heute, in: Lamla, Jörn/Neckel, Sighard (Hg.) (2006): Politisierter Konsum – konsumierte Politik, Wiesbaden, 143-162.

Müller, Sabine (2006): Symbole der Politik in der modernen Medien- und Konsumgesellschaft: Andy Warhols Mao Wallpaper, in: Lamla, Jörn/Neckel, Sighard (Hg.) (2006): Politisierter Konsum – konsumierte Politik, Wiesbaden, 185-206.

Panofsky, Erwin (1994): Ikonographie und Ikonologie, in: Kaemmerling, Ekkehard (Hg.) (1994): Bildende Kunst als Zeichensystem. Ikonographie und Ikonologie, Köln, 207-225.

Schäfer, Mirko Tobias/Bernhard, Hans (2008): Subversion ist Schnellbeton. Zur Ambivalenz des Subversiven in Medienproduktionen, in: Ernst, Thomas/Gozalbez Cantó, Patricia/Richter, Sebastian/Sennewald, Nadja, Tieke, Julia (Hg.) (2008): SUBversion. Zum Verhältnis von Politik und Ästhetik in der Gegenwart, Bielefeld, 63-81.

Sutter, Angelika (2010): Culture Jamming. Formen der Medienrezeption und –produktion am Fallbeispiel Adbusting, Diplomarbeit, Universität Wien.

Völlinger, Andreas (2010): Im Zeichen des Marktes. Culture Jamming, Kommunikationsguerilla und subkultureller Protest gegen die Logo-Welt der Konsumgesellschaft, Marburg.

8. Abbildungsnachweise

Abb. 1: Sutter 2010, 59.

Abb. 2: http://www.projektwerkstatt.de/hoppetosse/dan/fake.html

Abb. 3: http://comments16.com/absolute-end/

Abb. 4: http://home.arcor.de/pneumo/